만인시인선·83

댄싱 붓다들

김현옥 시집

댄싱 붓다들

만인사

시인의 말

내 인생의 한철, 잘 지냈다.
고독하지 않았고 행복했고 환했다.
시를 만나지 않아도 괜찮았다.

그랬는데,

느닷없이 번개처럼 죽음이 내 사랑을 덮쳤고
나는 갑자기 날개 잃은 새가 되었다.
고독하고 불행하고 캄캄하다.

슬픔 속에서 내가 시에게로 갔는지
시가 내게로 왔는지는 알 수 없으나
시가 나에게 속삭여줬다,
괜찮아 괜찮아
내가 너의 잃어버린 날개가 되어줄게
그러니 다시 한 번 날갯짓 해보렴
슬픔 너머로 날아오르면 창공이 보일 거야.

오래 전에 썼던 시들을 정리해서
2021년도에 완성해놓았지만
컴퓨터 속에서 잠만 자던 이 시집을
이제야 세상에 내놓는다, 에토레 덕분에.

나의 처음이자 마지막 사랑,
에토레 그릴로에게
이 시집을 바친다.

차 례

시인의 말 ──────── 4

1. 세상의 모든 어머니

그냥 그렇다 ──────── 13
굴레 ──────── 14
친구라는 옷 ──────── 15
세상의 모든 어머니 ──────── 16
삶이라는 허기 ──────── 18
황홀한 날개는 번데기를 통과해야 한다 ──────── 19
노안의 독서 ──────── 20
집밥 ──────── 21
식상해질 때 ──────── 22
甘呑苦吐? ──────── 24
인문학 붐, 인문학의 봄 ──────── 25
한대수,라는 고통 ──────── 26

차 례

유명,이라는 말 ——————— 28
소문 ——————— 30
진실을 말하는 사람보다 더 미움을 받는 자는 없다,고
  플라톤이 말했다네? ——————— 32

2. 집, 그리고 길

떠나보면 알게 된다 ——————— 35
소실점 ——————— 36
길 ——————— 37
어쨌든 나는 건너가고 있는 중이다 ——————— 38
옴 샨티샨티샨티 ——————— 40
그해 겨울, 리시케시 ——————— 42
Zen Tattoo ——————— 44

차 례

이 세상 끝까지 춤을 ────── 46
팔라쪼 아드리아노엔 시네마 천국이 없다────── 48
풍등 ────── 50
그, 침묵의 설산 ────── 52
집, 그리고 길 ────── 54
아웃사이드의 변명 ────── 56
달에다 마음의 집 짓고 ────── 58
우물 안 입 큰 개구리 ────── 60

3. 말의 겹

부디 ────── 63
살짝과 슬쩍 ────── 64
에헤라디야 ────── 66
눈만 살아 있던 날 ────── 67
척척박사 ────── 68
아직도 섬의 뿌리는 깊어 ────── 70

차 례

잉여 ——— 71
말의 겹 ——— 72
코스프레 ——— 73
포기 ——— 74
애틋하다 ——— 76
설풋 ——— 78
아마 ——— 80
기상천외, ——— 82
아이러니 ——— 84

4. 낮달의 영혼을 가진 자

소울메이트 ——— 87
세월의 신발 ——— 88
벽에 음악을 연주하는 일 ——— 90
말비빔밥 ——— 92
매일이 ——— 94

차 례

⟨네, 잘 알겠습니다⟩ ──────── 95
보이지 않는 것 ──────── 96
조용한 기쁨 ──────── 98
그런 날엔 ──────── 99
낮달의 영혼을 가진 자 ──────── 100
세월 가면 ──────── 101
이제는 집에 갈 시간 ──────── 102
오래된 영혼 ──────── 104
댄싱 붓다들 ──────── 106
귀 ──────── 107

|시인의 산문|
귀천, 그리고 귀가 ──────── 109

1
세상의 모든 어머니

그냥 그렇다

못물처럼 아무데도 흘러가지 못해도
그냥 그렇다
미친개가 내 그림자 보고 짖어대도
그냥 그렇다
히말라야 설산처럼 당신이 아무 말 안 해도
그냥 그렇다
내 마음 단풍 들어 무슨 풍악 울릴까 싶다가도
그냥 그렇다
마음의 탑 쌓는 일 내팽개치고 딴청이어도
그냥 그렇다

시가 놀러와 내게 안부 물어줄 때까지
세상의 모든 풍문들 다
그냥 그렇다
흐르면 흐르는 거고
멈추면 멈추는 거고

굴레

수백 년 한 곳에 박혀 있는 나무는
자신의 뿌리 벗어나지 못하고
수만 년 한 곳에 앉아 있는 바위는
자신의 엉덩이 벗어나지 못하고

하늘은 하늘을 벗어나지 못하고
바다는 바다를 벗어나지 못하고

동그라미는 동그라미를 벗어나지 못하고
모든 것들의 굴레는
굴레의 철벽을 벗어나지 못하고

우주가 한번 요동이라도 쳐야
굴레에 틈이 생길까
문이 생길까 길이 생길까

굴레를 따라
굴렁쇠나 굴려가며
굴레가 닳아 없어지길 기다릴까

친구라는 옷

친구라는 옷
언제 입어도 편안하고 따스할 때
그 옷은 가슴의 옷걸이에 고이 모셔진다네

친구라는 옷
어느 순간부터
맞지 않는 헌옷처럼 어색해지면
마음의 거울 앞에 이리저리 세워보네

(헌옷은 수선해서 입든
재활용에 버리든 쓰레기통에 던지든
입지 않고 농속에 오래 처박아두든
다 자기취향이지만)

친구라는 옷 중엔
오래되면 오래될수록
명품이 되는 것도 있다지
입으면 입을수록
신상이 되는 것도 있다지

세상의 모든 어머니

아무데로도 떠나지 못한 채
저 홀로 우두커니 서 있는 나무

떠나지 못하므로
기다림의 이파리 그리움의 꽃이나 피워내며

가지에 둥지를 틀었다 날아가버린 새들
뿌리까지 흔들어보다 지나가버린 비바람
잎사귀들 황홀하게 반짝여주던 햇빛
그 모든 환하고도 캄캄한 기억들로 나이테를 늘려온

자신의 몸 파고드는 것들
온몸으로 껴안는 지극한 사랑으로
고요 속에 걸려 있는

당신, 세상의 모든 어머니

오랜 세월 침묵을 키질하며

당신은 뿌리의 길 밝혀왔다지요
기다림과 그리움 피워내며
당신은 사랑의 그늘 넓혀왔다지요

삶이라는 허기

네이버에 검색하면 다 나와!
유행어처럼 그런 농담 하곤 했지만

너라는 그 모든 욕망을 검색하면
너의 골수에 가 닿을 수 있을까?

혹시나, 혹시나 하며 미련하게
너를 찾아 클릭, 클릭, 했네
결국은 눈을 찌르는 헛것들에
마음이 쉬 피로해진다는 걸 알면서도
그 미혹한 혹시나,에 홀려

깊이를 알 수 없는 갈망의 수면 위
화려한 빛의 일렁임에 눈멀어

혹시나,의 낚싯바늘에 걸려든
살찐 역시나,들로 연명해가는
삶이라는 허기

황홀한 날개는 번데기를 통과해야 한다

번데기를 먹지 않는다
아무리 영양덩어리라 해도
입에 넣고 씹을 엄두가 안 난다
고치가 최후의 집이었던
고독덩어리, 번데기

황홀한 날개는 번데기를 통과해야 한다

고독이 날개를 달지 못하면
심심한 입들의 간식거리나 될 뿐
불쌍한 주름투성이 번데기처럼

노안의 독서

죽은 활자 그만 읽으라고 노안이 왔네

노안의 친절함에 마음 기울이니
동백꽃 피었다 지는 가슴이나 읽어보라고
노안이 속삭였네

겹겹 붉은 가슴 펴들고 읽기 시작했네
우우우 뭔 그리움 그리도 낭자한 핏빛인가
뚝! 뚝! 뭔 상처 그리도 통째 붉은 눈물인가

어차피 고통은 저마다 품은 공중의 섬 같은 것
위로의 말들은 무심히 흩날리는 진눈깨비 같은 것

누가 동백꽃의 추락을 온전히 해독할 수 있으랴
고통의 질량과 무게는 다 다를 뿐이라는데
누가 누구의 동백꽃 제대로 읽어낼 수 있으랴

다 읽혀지지 않아도 동백꽃은 동백꽃
읽다보면 자주 눈물이 나기도 하지

집밥

집밥이 맛있어도
맛집 투어에 열을 올릴까

맛집에서 맛집으로
굴러가는 바퀴들의
채울 길 없는 허기

아무리 사랑 찾아 천리만리 헤매어도
내 속의 사랑 펌프질하지 않으면
(그 다음 문장은 생략)

이 세상 끝에서라도 그리울
사랑과 지극정성으로 지은 집밥
일생의 허기를 가셔줄

식상해질 때

삶의 맛들이 한꺼번에
식상해질 때
입맛을 바꾸든지
새로운 메뉴를 발굴하든지
뭔 수 내야겠지만
아무것도 입맛 돋우지 못할 땐
입 닫고 아예 단식을?

믿는 도끼에 발등 찍혀
발등의 피 닦아내는 것도 식상해지면
믿는 도끼를 아예 두지 말고

가고 오는 바람이 전하는 말들이 식상해지고
이래도 되나 싶은 얼굴들이 식상해지면
아예 거울 속으로 들어가야지

자주 깨지는 세월의 약속이 식상해져서
문득 입 닫아버리는 삶아,

오늘은 계란을
삶을까 프라이 할까 날것으로 대령할까

자주 닫아버리는 네 입이
더 식상해지는 삶아,
오늘은 입 크게 벌리고
웃음이나 한번 게워볼래?

甘吞苦吐?

달면 삼키고 쓰면 뱉는
혀와 목구멍들,
사는 게 다 그런 거라 하네

그런가? 하다가도,

달아도 뱉어야 할 땐 뱉고
써도 삼켜야 할 땐 삼키는
정신의 혀, 정신의 목구멍
쓴 것 소화시켜 배설하는
정신의 위장, 정신의 대장
누가 뭐라 그래도 한결같이 따스한
정신의 가슴과 손

의리 있게 뱉고 삼키는 정신아,
어디 있니? 이렇게 살아도
한 번도 손해 본 일 없다며
두둑한 신뢰의 주머니 두드리며 허허 웃을
정신아, 너 지금 어디 있니?

인문학 붐, 인문학의 봄

당신은 인간의 문양을
가슴에 간직하고 있는가?

인문학 강의 인문학 스터디
인문학 몸살 중
인문학 대세 인문학 만세
인문학 성행 중

인간의 문양을 익혀 인간답게 살기 위해
인문학을 공부하는 것인지
인문학의 봄이 와서
인문학이 붐이어서
인문학 한번 슬쩍 걸쳐보는 것인지

인문학중독자들은 넘쳐나지만
인문학 콘텐츠는 홍수를 이루지만
사람과 사람 사이 사막은 넓어져만 가고
이 땅의 불행지수는 높아져만 가니

당신의 인간의 문양은 아름다운가?

한대수,라는 고통

고통 고통 **고통**(고통을 발음하며 늙은 한대수는 화통하게 웃는다)

행복의 나라 하나도 없었어 고통뿐이었어 나도 계속 울고 살잖아 태어날 때부터 저주 받았어 우리는('행복의 나라로' 녹음에 앞서 인터뷰를 하며 한대수는 한방에 행복의 나라로 가자며 시종 하하하 웃는다 고통이 아니었더라면 행복을 기쁨을 평화를 사랑을 노래할 수 있었겠냐며)

지렁이*에서 행복의 나라**로 가고 싶었던
고통뿐이었다는 늙은 히피는
행복하게 노래한다
노래가 행복하게 춤춘다
고통이 춤춘다 히피하피해피하게

이 좆같은 세상 다 썩어가네***,라고 노래하는

한대수,라는 고통

*한대수의 노래 제목
**한대수의 노래 제목
***한대수의 노래 '멸망의 밤' 가사 중에서

유명,이라는 맛

경주에 벚꽃 보러 갔다가
아주 유명하다는
텔레비전에도 여러 번 나왔다는
김밥집 지나가다가
그래 유명하다니까, 얼마나 맛있나 궁금해지데
엄청 긴 줄 뒤에 서서
하늘의 구름이나 쳐다보며 기다리고 기다리다가
드디어 입속으로 건너온 김밥,
내 입맛엔 짜고 계란만 잔뜩 들어가 있는
별 맛 없는 그 김밥이 왜 그리 유명한지
도무지 알 수 없는데 이거야 원,
유명세가 이런 건가, 우리 뒤에도
유명을 맛보려는 사람들로 여전히 엄청 긴 줄

유명하다는 시집을 읽다가
씁쓸해지는 그런 맛

유명하다는 말에 속은 긴 줄 때문에

점점 더 유명해지는
유명한 맛,
벚꽃 아닌 사꾸라 같은 맛
그래도 세상에 잘만 팔리는 유명,이라는 맛

소문

오해와 진실 사이
소문이 발효 중

소문이
오해와 진실 사이 그네를 타며
경악과 의심을 반죽하고
아니 땐 굴뚝에 연기 나랴,
속담이 언제나 다 맞는 건 아니었지
소문의 검은 손에 한 일생이 매장되기도 한다지
매장된 일생이 어찌어찌해서 발굴된다 한들

소문만 무성한
오해는 오해대로
진실은 진실대로
서로를 밝히지 못하는
오리무중, 어처구니없는

소문만 씹어대는

질긴, 무서운
이 시대의 식욕

진실을 말하는 사람보다 더 미움을 받는
자는 없다,고 플라톤이 말했다네?

그러나 그럼에도,
진실을 말하는 입은 사랑스럽고
진실을 머금은 얼굴은 사랑받았으니

더러 유명한 OO라는 명찰 달고
짜깁기한 지식들을 팔고 있는
그들의 게거품은 나날이 인기상품
권력과 돈의 배에 편승한다면
진실이 배겨날 수 있을까

아리송하게 말해도 좋을 것을
구태여 직설법으로 들이대서 덧났던 관계들이여
덧나지 않았으면 진실이 살아남았겠나

플라톤의 말은
어떻게 죽지 않고 여직 살아남았나,
깊은 세월의 지층 속에서도

2
집, 그리고 길

떠나보면 알게 된다

떠나보면 알게 된다
내 있던 자리가 얼마나 깊은 동굴이었는지

떠나보면 알게 된다
깊은 동굴에서 시작되는 길의 노래를

떠나보면 알게 된다
깊은 동굴과 길은 서로를 그리워한다는 걸

떠나보면 알게 된다
일생의 밑그림은
깊은 동굴과 길의 만남과 이별이란 걸

소실점

새들이 허공을 열어보다가
소실점 속으로 들어간다
허공의 구멍 속으로 허공의 뱃속으로

소실점 속으로 들어가 버린 옛 얼굴들
기억의 하늘에 구름처럼 나타나 떠다니다
더러는 영영 허공 속으로 사라져버리듯

언제부터 나는
보이지 않는 블랙홀 같은 소실점으로
망망대해 돛단배 같은 내 마음 흘려보냈을까

소실점의 심연에서
더는 갈 곳 없는 상한 날개들
순진무구한 별들로 다시 돌아날까

길

한번 가 보자, 마음먹으면
길은 한 뼘쯤 자라나 있고
더 이상 못 가겠다, 마음 접으면
길은 흔적 없이 사라지네

길은
마음이 그리는 지도

어쨌든 나는 건너가고 있는 중이다

어쨌든 나는 건너가고 있는 중이다

텅텅 빈 시간이든 세상의 침묵이든

말라비틀어진 생이든 살찐 일상이든

밑도 끝도 없는 생각의 늪이든 뭐든

나를 틀어막고 있는 어떤 슬픔이든

내 속의 잡초밭이든 벌판이든 당신이든

당신 기억의 사진 속에 박혀있는 나든

다 열거할 수 없는 그 모든 막막한 것들을

어쨌든 나는 기어이 건너가고 있는 중이다

천천히 흔들흔들, 안간힘으로 후들후들

가차 없이 쓸쓸하게, 에누리 없이 외롭게

건너가고 있으니 어딘가에 닿겠지

어딘가에 닿지 못해도, 건너가고 있으니

지금 여기, 이 막막함은 아닐 테지

옴 샨티샨티샨티

리시케시의 한 오래된 호텔
천둥과 빗소리 잠결을 두드려
한국에서 건너온 듯한 낯익은
육칠십 년대 밍크담요 뒤집어쓰며
낮에 봤던 그 거지들과 노숙자들
어디에서 이 사나운 밤비 피하고 있나
비몽사몽 걱정하며
비몽사몽 옴 샨티샨티샨티

힌두사원과 요가센터들 무성한 리시케시
바라나시를 향해 쿠릉쿠릉 흘러가는
옥빛 강가강 품고 있는 리시케시
리쉬케시리시께시리쉬께시리쉬케쉬
우리가 강가강처럼 흘러다녔던

팔 혹은 다리 잘린 거지들과
멍한 눈빛의 노숙하는 사두들
하루 종일 거리의 소품처럼 널려 있고

강가강에 박살나는 햇빛은 눈부신 무대조명
여행자들 음식 노리는 원숭이들 조연으로 등장하는
리시케시의 꿈결 같은 무대 왔다 갔다 하며
우리가 읊은 대사는 옴 샨티샨티샨티……

그해 겨울, 리시케시

그해 겨울, 강가강은 풀빛으로 싱싱했고
원숭이들은 먹이 낚아채느라 바빴고
우리는 싱싱하지도 바쁘지도 않았다

아주 오래된 다리 락쉬만줄라를 건너면서 히말라야에서 내려온 강가강의 젊고 신성한 몸 내려다보면 그 몸, 햇빛의 세례로 눈부셨다 오랜 세월 바라나시까지 흐르고 또 흘러가자면 신성도 고단하리라 그 먼 길 침묵으로 흘러가자면, 흘러가며 모든 인생살이의 폐수 받아 안으려면

추운 것도 아랑곳하지 않고 인도인들이 가트에서 강가강으로 첨벙, 물의 자궁 속으로 들어갔다 나왔다 강가의 축복을 받으려는 사람들 풍경은 층층 박혀 있는 허름한 가게들 수만큼이나 흔했다 그 흔하디흔한 힌두교 신들은 인도의 거지들과 가난한 자들을 구원하지 않고 힌두사원 속 정물로 앉아 있기만 하고

순례여행 온 인도의 남루한 하층민들 떼 지어 오래된 사원으로 들어갔다 일생 맨발로 척박한 길 걸어온 그 늙고 굳은 얼굴에는 다음 생에 대한 기도가 강가강의 물비늘처럼 어룽져있고 먼지 앉은 경전 같아 보이는 그들의 맨발을 읽어보면 일생이란 말이 무색해졌지

　길에서 길로 마음 맡긴 채
　오래 오래 강가강 얼굴을 바라보았던 그해 겨울,
　우리의 눈은 강가강의 침묵의 노래로 깊어졌다

Zen Tattoo

광대한 바다 무대 위에서
은빛 비늘 번뜩이며 차르르 춤을 추는 햇빛
바다의 몸에 새겨지는 찰나의 문신
인도의 고아 아람볼 해변 한 레스토랑에 앉아
몇 억 년 공연되었을 햇빛의 황홀한 춤을
새겨졌다 지워지는 바다의 젠 타투를
바라본다, 그저 바라본다

* *

레스토랑 한 쪽에는 웃통 벗은 빼빼한 서양 할아버지, 시가를 두껍고 길게 말아 불을 붙여 먼저 한 모금 길게 빨고 테이블에 둘러앉은 대여섯 명의 젊은 남녀들에게 돌린다 말없이 한 모금씩 나눠 피는 시가의 연기가 몽글 몽글 나른하게 피어올라 그들의 몸 여기저기 새겨진 사연 있는 문신들을 몽롱하게 한다 햇빛의 눈부신 춤을 바라보며 시가나 피는 인생들의 얼굴은 한 번도 증오나 절망 같은 건 만나본 적 없는 듯 평화롭게 정지되어 있다, 찰나에 새겨진 젠 타투처럼

* *

내 인생의 젠 타투도
저 햇빛의 춤으로 새겨질 수 있다면

이 세상 끝까지 춤을

늦은 오후, 늙은 바람의 손을 잡고, 세상의 한쪽 끝에 닿았다

땅길 닫히고 바닷길 열리는 지구의 서쪽 끝 로카 곶에서 십자가 머리에 인 이정표 탑을 배경으로 여행자들은 괜히 끝!이라는 감격에 겨워 바다 위로 날아갈 듯 활짝 웃으며 기념사진 팡팡 찍어댄다 삶의 나침반이었던 저마다의 십자가 그곳에 부려놓고 이젠 바람의 노래 부를 수 있을 것 같다는 표정으로

다만 표정만 다를 뿐 길은 어디에나 있다는 걸 몰랐다 저 끝이 보이지 않는 대서양 끝에 신대륙의 길이 시작된다는 걸 몰랐던 비탄의 밤들을 지나, 자주 생의 벼랑을 기어올라 짐승처럼 울었던 낮들을 건너 마침내 로카 곶에 닿아, 적막한 슬픔을 건너온 어둠의 신발을 바다로 내던진다

바다에서 길 잃은 자들을 위해 오랜 세월 해안 절벽 위에 홀로 앉아 낡아가는 등대가 의젓하다

끝은 시작의 다른 이름,이라는 상투적인 문장이 힘찬 혹등고래처럼 가슴속 바다 위로 솟구친다

꽃잎처럼 홀연히 지는 것들의 무대 같은 절벽 아래로 햇빛과 바다가 부둥켜안고 블루스를 춘다 감미로운 바람의 리듬에 맞춰, 끝과 시작의 블루스

바다와 땅이 손잡은 길을 따라 한층 젊어진 바람의 팔짱을 끼고 또 다른 세상의 한쪽 끝으로 향한다 그 바람과 함께라면 이 세상 끝까지 춤을

팔라쪼 아드리아노엔 시네마 천국이 없다

　영화 속 토토가 삼십 년 만에 찾아간 고향, 팔라쪼 아드리아노를 굳이 찾아 나선 건 다만 〈시네마 천국〉 때문, 아주 사소한 이유로 어딘가로 이끌릴 때가 있곤 하지 삶의 길에서

　구식 내비게이터가 엔나에서 팔레르모로 가는 옛길을 가르쳐주는 바람에 굽이굽이 지루한 능선 길 돌고 돌며 눈도장 찍은 유월의 풍경들, 거의 말라 죽기 직전처럼 숨을 헐떡이는 키 큰 풀꽃들, 허공에 사랑의 방점 팡팡 펑펑 찍어대며 놀고 있는 핏빛 개양귀비꽃들, 돌돌 말려 뚱뚱하게 동여매어져 한가롭게 들판을 뒹구는 건초더미, 누런 미소로 익어가고 있는 밀밭을 지나 사람 하나 보이지 않는 햇빛 울울창창한 시골길 지나 낮은 구릉 위에 펼쳐진 우주의 고요를 건너 당도한 숨어 있는 작은 섬 같은 마을 팔라쪼 아드리아노!

　마을 입구에서 얼마 들어가지 않아 영화에서 봤던 비슷한 광장이 보이기에 분수대에 앉아있던 소년에게 이곳

이 영화 속 광장이냐고 물으니 맞단다 영화 밖의 그곳은 단순한 분수대와 오래된 성당이 있는, 햇볕이나 쬐며 졸고 있는 시골노인 같은 작은 광장…… 좁고 오래된 길을 따라 걷다 보니 집 앞이나 베란다에서 환하게 웃고 있던 색색의 제라늄 페튜니아들 정답게 얼굴을 흔들어주기도 했지 시네마가 어디 있냐고 마을사람에게 물었더니 영화 속 시네마는 성당을 세팅해서 영화를 찍었다고

거의 세 시간 걸려 온 곳을 한 시간도 머무르지 않고 떠난 지 얼마 지나지 않아 갑자기 번개와 천둥, 우박과 소낙비가 차를 덮쳤지 시칠리아의 하늘 어느 한쪽은 무섭게 비가 쏟아지고 어느 한쪽은 눈부시게 맑아 지옥과 천국을 오락가락, 천국과 지옥이 그렇듯 가깝다는 걸 그때 알았네, 팔라쪼 아드리아노엔 시네마 천국이 없다는 것도, 아마 사랑이라는 제목의 모든 삶의 영화가 시네마 천국인지도 몰라

풍등

인도 아람볼 해변의 밤하늘로
청춘남녀들, 둥실 날려 보내네
소원 담은 붉은 마음 한쪽

둥, 둥, 둥, 둥, 붉은 마음들
지상의 캄캄한 삶 밝혀주는
별로 박히고 싶어 조금만 더,
조금만 더, 혼신을 다해
어두운 공중의 길 닦아가고

그 붉은 마음
어느 찰나, 별이 되었을 때
우리는 와아아! 탄성을 터뜨렸지만
모든 절정이 그러하듯
시한부의 별은 이내
바다무덤 속으로 천천히
천천히 걸음을 옮기네
삶과 죽음이 밤하늘을 수놓네

청춘의 무덤 속으로 사라져버린
두근두근 첫사랑의 심장 닮은
붉은 마음의 별,
풍등

그, 침묵의 설산

 첫날 그는, 석양빛의 마법사의 표정으로, 집에 도착한 순례자 같은 평화로운 얼굴로, 나를 맞았지 내 생의 처음이자 마지막 사랑을 만난 듯 설레며 바라본 그, 침묵의 설산, 내 마음의 동굴을 떠나 마침내 당도한 포카라의 좁은 골목 끝에 병풍처럼 걸려 있던

 그는 언제나 여여한 만년설의 사랑이었지만 사랑은 때로 내게 그러했듯 페화호수의 물안개로 가려져 몇날 며칠 그를 볼 수 없을 때도 있었지 거짓말처럼 그가 사라진 하늘 속으로 이름 모를 새들 춤추며 날아다니고 아마 그 새들은 보았겠지, 그가 사랑으로 거기 정물처럼 붙박여있는 것을! 새들에게 내 사랑의 주소를 물으며 게스트하우스 베란다에 앉아 하늘을 바라보다가 오랜 친구 같은 저녁이 찾아오면 나는 저녁과 손잡고 산책을 나서곤 했어 처음 그를 만났던 황홀한 순간을 떠올리며 천천히 포카라의 착하고 순한 길들을 따라가다 보면 사랑은 아득한 거리에서 홀연히 나타났다 사라지곤 했지 밤이 오면 밤하늘은 별들의 헤픈 축포로 빛의 팡파르가

쏟아져 내리고 포카라의 밤하늘은 끼리끼리 엉겨 붙은 별빛들의 왈츠로 흥청대었지만 나는 보이지 않는 사랑 때문에 자주 칠흑 같은 어둠이 되곤 했어 그런 몇 개의 흑백사진 같은 풍경으로 피고지다가 그를 떠나던 날, 페화호수의 물안개도 태양 속으로 사라지고 그는 환하게 웃는 얼굴로 나를 배웅했지 그의 사랑을 마음의 사진기에 담고 포카라를 떠나던 그때부터 내 가슴 안켠엔 눈이 내리기 시작했어

 이제 내 가슴 속에서 품을 키우는 침묵의 설산, 그를 볼 수 있는 눈에게만 따스한 침묵을 들려준다지, 그를 들을 수 있는 가슴에게만 그 신비로운 자태를 드러낸다지

집, 그리고 길

햇살 푸르른 따스한 풀밭
드러누워 한없는 단잠에 생을 누이고
길고 긴 꿈의 집 짓고 싶은 마음이여
그 집의 아늑함이 너의 감옥이리니
이 지상 어떤 풍경에도
너의 아름다운 집 꿈꾸지 말고
마음이여, 세상은 네 일생의 거대한 다리일 뿐
헤매임의 여울목에서 똥 같은 욕망과
오줌같이 지린 생각들을 밀어내고
말간 내장과 핏줄 속으로 자맥질하는
너의 투명한 음악이 이끄는 대로
가라, 바람의 손 놓치지 말고
너의 얼어붙은 슬픔과 불행이
네 잠의 발목 잡아끌어도, 가라
네 미망의 집 뒤돌아보지 말고
길 위에서 네가 부르는 노래
네 생의 연꽃으로 인화되리니
머잖아 누구에게나 밤은 당도하는 것

네 마음의 꽃들, 축제의 등불로 널 지켜 주리니
네 속의 길들 피안으로 발 뻗을 때까지
간혹 초대된 잔칫집은 피곤한 길들의 간이역

아웃사이더의 변명

풀 나무 꽃의 이름
공부하지 않았으므로
부끄럽게도, 호명할 수 있는 이름 몇 안 되지
그래도 세상의 교실 밖을 나와
풀에게 나무에게 꽃에게 말 걸었더니
통성명하지 않아도 희한하게 말은 잘 통하네

사교나 비즈니스 비결
공부하지 않았으므로
내 마음의 수첩에 기록된 이름 몇 안 되지
그래서 세상의 교실 밖을 나와
만날 이 없을 땐 저물녘 강둑에 앉아
강물에다 수취인 불명의 편지나 써 보냈지

출세와 명예를 적금 붓는 행복
공부하지 않았으므로
충고하는 그들의 말 한 귀로 듣고 한 귀로 흘렸지
그래서 세상의 교실 밖을 나오니

갈 데라곤 내 속으로 난 길밖에 없더군
그 좁고 어두운 길 위에서
적막을 작곡해 보거나 연주해 보기도 했어

세상의 교실에서
교과서적인 삶을
공부할 마음이 통 안 났었지
늘 어눌한 나의 발걸음은
세상물정 몰라도 한참 몰랐네
그래도 웃으며 산책하는 덴 별 지장 없더군

달에다 마음의 집 짓고

달에다 마음의 집 짓고
오래 기다림의 물레를 돌렸네

행복과 불행 희망과 절망의 솜에서
삶이란 이름의 질긴 실 뽑아
때로는 웃음 때로는 울음의 옷 지었네

날마다 마음의 빛 불려가다
환하고 둥글어진 마음
삶의 어둠을 방문하곤 했네
행복은 언제나 봄꽃 같은 것
화들짝 놀러 왔다 급하게 자리 뜨는
봄꽃의 눈도장 같은 것

허기진 어둠이 둥근 빛 뜯어 먹었네
날마다 마음은 캄캄하게 드러눕고
마침내 희망이 정전되고
검은 침묵이 마음을 감쌌네

저절로 돌아가는 물레소리만
어둔 마음을 위로했네

더는 어두워질 수 없을 때
꾸물꾸물 자리에서 일어나는 마음
희망의 빛을 파종하며 가늘게 웃어보네

돌고 도는 물레의 길을 따라
빛과 어둠은 엎치락뒤치락
썰물과 밀물처럼 마음을 다녀가네

우물 안 입 큰 개구리

―나는 최고만 상대해!
우물 안 개구리가 소리쳤다
그 입 큰 개구리 이제 제법
주렁주렁 걸칠 이름들도 늘어나
우물 안에서 우쭐하다

최고만 상대하느라 고단하지 않니?
그래, 입 큰 개구리야
최고들의 콩고물 맛 어때?
최고만 상대하면 네가 최고가 되는 거니?
최고를 향한 네 큰 입은 쉴 줄 모르는구나

여기 우물 밖엔 날씨가 청명해
길 없는 길 위에서 하늘 올려다보면
누구나 새털구름이 될 수 있어
최고가 아니라도 누구에게라도
천진한 꽃들은 미소를 날려주네

3

말의 겹

부디

언젠가부터
부디,라는 말이
합장과 함께 나에게로 왔다
어쩌면 나의 겨울이 끝나고
봄이 오는 어느 길목에서였나?
어쩌면 당신에게로 건너가는
좁고 흔들리는 구름다리에서였나?

그러고 보니 부디,라는 말
겨울에서봄나무와 어딘가 닮았다
그 어디에도 없는 당신과
간절하게 닮았다

간절하게 두 손 모은 말, 부디
간절하게 건너가는 말, 부디

부디 부디 부디 부디 부디
만트라처럼 세상에 울려 퍼져
부디, 죽은 마음의 가지에 이파리 돋길

살짝과 슬쩍

살짝 하는 그런 악수나
슬쩍 하는 그런 눈가림
살짝 이니 슬쩍 이니 그런 수작들
살짝과 슬쩍으로 짬뽕된 뉴스들
알고도 속고 모르고도 속고

살짝 하면서 오호호호 내숭 모드
슬쩍 하면서 으흠흠흠 진지 모드

살짝쿵 슬쩍궁 잘도 돌아가지 세상은
회전목마에 앉아 손까지 흔들어가며

살짝과 슬쩍은 서로 친한 척하다가
슬쩍은 살짝을 스리슬쩍 뒤통수치고
살짝도 슬쩍을 사리살짝 밟아주고

살짝살짝 슬쩍슬쩍 잘도 비벼지는 세상에게
민들레야,

시멘트바닥 뚫고서 꽃까지 피운 민들레야
한 소식 건네주렴,
살짝과 슬쩍으로 꽃은 어림도 없다고

에헤라디야

어쩨 에혀,가 계속 내 입을 다녀간 날
뉴스에서 본 생사를 건 아프리카 난민들에게도
에혀, 아직도 퇴원 못한 시인에게도
에혀, 슬픔으로 도배한 그 누군가에게도
에혀, 닳은 무릎 연골로 병원 다녀온 엄마에게도
에혀에혀에혀에혀 염불처럼 중얼거리다
엉뚱하게 에헤라디야가 툭 튀어나오네
에혀의 벽 하나가 툭 무너지듯
어딘가에서 따스한 바람결이 건너오듯
문득 등장한 에헤라디야

아무리 에혀로 씁쓸하여도
에헤라디야 에헤라디야
휘적휘적 모든 에혀들을 건너가기 위해
노를 젓듯 에헤라디야 에헤라디야

눈만 살아 있던 날

세상이 눈에 덮여 매장되어 버릴 듯
이 세상에 눈만 고요히 내리던 날
내 몸의 다른 것들 다 죽고
눈만 살아 껌뻑였던 날

자비로운 하늘의 선물처럼 눈이 내렸지만
아!하고 탄성을 지를 수도
그 눈을 만질 수도
그 눈 위를 걸을 수도 없었네

그 눈을 애타게 바라보다
바라만보다가 눈이
눈물 되어 녹던 날
눈물이 죽은 내 몸 타고 흘렀던 날
눈만 살아 있던 날
세상의 모든 고요 온통 목격했던 날

척척박사

그렇지도 않으면서 그런 척
이렇지도 아니면서 이런 척
연기에 도통한 척척박사
풍선처럼 부풀려 놓은 이미지가 자기인 척
빌려온 대사나 표정으로 자신을 연출하는
척척박사, 참 탁월한!
척척해내느라 여념이 없다가
문득 관객이 없어지면
마음에 척척 달라붙는 허기로
축축 가라앉는 척척박사
척! 하는 것도 아마 재능이라지

척척박사 오늘도 용맹정진 연구 중
어떤 척이 관객들을 사로잡을 것인가
어떤 척으로 주연의 자리를 쟁취할 것인가

척하면 삼척동자도 안다
아무리 척해 봐야

척은 척이고 허기는 허기
바람은 바람이고 풍선은 풍선이라는 걸

아직도 섬의 뿌리는 깊어

너무 적막하면
적막하다는 말도 안 나온다지
너무 쓸쓸하면
쓸쓸하다는 말도 안 나온다지
너무 아프면
아픔이 입을 앙다물고 어금니를 깨물듯이

오늘 하루를 다 읽을 때까지
아무도 나를 펼쳐보지 않았어

마치 처음 책을 읽는 눈으로
저만치 가고 있는 흰구름 바라보다
그 구름 옆구리에 다정하게 한 줄 적었지
아직도 섬의 뿌리는 깊어, 라고

그대가 나를 읽어줬음 해, 라는 문장은
섬의 뿌리 속에 가만히 묻어두기로 했어

잉여

잉여가 되지 못한 잉여는 슬픈가
엉엉 울기를 그친 잉여는 화창한가
어영부영 적막을 돌아다니는 잉여는
언제 잉어가 되어 씽씽 헤엄쳐 다닐까

잉여가 되어본 적 있는 잉어나
잉어가 되어본 적 있는 잉여만이
서로를 사랑할 수 있는 걸까

잉여의 세월을 잉어처럼 헤엄쳐본다
잉어가 되고 싶었던 청춘,
어디로 다 떠내려갔나

잉어의 행복에서 멀리 떠내려온 잉여야
세월 속을 유유히 헤엄치며 노는 잉어야
잉여의 잉어가 어디 있는지 궁금한 잉여야
잉잉거려도 한결같이 여여한 잉여야
영영 어디로 갈 작정이니, 영영 잉여야

말의 겹

네가 보고 싶었어,
라는 말 대신에
오늘 베란다 화분에 꽃 폈어,라고 말했네

세상에, 어떻게 그럴 수 있어?
라는 말 대신에
어제 저녁하늘의 구름 표정 봤니?라고 말했네

그래도 당신이 시인입니까?
라는 말 대신에
요즘 날씨가 변덕이네요,라고 말했네

말의 여러 겹들
그 누빈 솜이불 같은 겹 덕분에
말은 안 다쳤지만
마음은 때로 닫히기도 했네

코스프레

코스프레가 코스프레인 줄 모르고
코스프레를 연출, 혹은
코스프레가 코스프레 아닌 척
대놓고 코스프레 놀이
더러는 같은 코스프레들끼리 박수 쳐주고
우쭐해진 코스프레들 점점 더 코스프레에 열중
코스프레를 창작하고 코스프레 전시회까지

귀부인 코스프레는
귀부인을 짝사랑하지만
귀부인은 코스프레를 알지 못한다

포기

만나려다 포기하고
해보려다 포기하고
가보려다 포기하고
말하려다 포기하고
끊으려다 포기하고
지금부턴!을 말뚝으로
뭔가 맹세하려다 포기하고

그 모든 포기들을
포기김치처럼 차곡차곡
가슴단지에 넣어
꼭꼭 눌러둔다

포기가 알맞게 발효되면
포기를 김치처럼 썰어
포기를 맛있게 먹어치워야지

혹 누가 알겠는가

잘 익은 포기 다 먹어치우고 나면
절망을 밀어붙일 힘 불끈! 하려는지

애틋하다

일요일 혼자 뭘 해 먹을까
입맛에게 물어보다가
간단하게 국수를 비볐다
벌겋게 비빈 국수를
입안으로 생각 없이 밀어 넣다가
문득, 느닷없이,
국수하고는 아무 상관도 없는
애틋하다,는 말이
마음속에서 밀려나왔다

애 틋 하 다 애틋하다 애틋하다애틋하다

애틋해지면, 지구 끝까지라도 찾아 나서겠지
애틋해지면, 지옥에라도 따라갈 수 있을 거야
그런 문장들이 국수와 함께 애틋하게 씹혀졌다

아마 그럴 테지
당신에게로 날아갈 날개 아무리 고단해도

애틋하다면, 애틋하기 그지없다면
기어이 당신에게로 날아갈 테지

애틋하다,는 말은
저만치의 거리를 두고 생겨나는 듯해
저만치라는 거리는 애틋하다,는 말의
느낌과 표정과 사랑을 담은 말없음표인 듯해

곡진히 지극히 간절히 애틋해져야
그 모든 애틋한 것들
마음의 정원에서 고요히 꽃필 텐데

애틋국수 먹으며
애틋해지는 당신

설풋

설풋 웃는 것도 같았다
설풋 우는 것도 같았다

설풋 잠이 든 것 같았고
설풋 잠이 깬 것도 같았는데

설풋 누군가 중얼거렸고
설풋 뭔가 그럴 듯했는데

설풋에 기대어
설마를 읊조리는 이여

설설설슬슬슬술술술
풋풋풋풋풋풋풋풋풋

설풋에 기대어
설파를 꿈꾸는 이여

설픗 바람이 스쳤던가
설픗 구름이 가렸던가

설픗, 색즉시공이
설픗, 공즉시색이

아마

아마 그랬나보다
그랬으니 그랬겠지
아마 그럴 테지
그러니까 그런 거지

아마 아마들은
이미 그러했던 것들의 언저리
어쩌면 그럴 것들의 그림자
어미의 빈 젖꼭지 문 어린 입처럼
오물대며 젖을 상상하는 어린 여린 아린

아마 그래서
생각의 문장들을 물고
젖을 빨아대는 걸까 아마는

슬픈 아마의 이마를 짚어보면
신열의 균열들 사이 박혀 있는 살얼음

아마야 아마야 너는 이마가 아니잖니?
이미도 아니고 어머도 아니고 어미도 아니고
아마 너는 다만 아마인데

아마의 입김이 때로 따스하기도 했지
다만 아마,여서 너무 다행했을 때도

기상천외,

라는 시를 쓰겠다고 문득
제목부터 떠억 하니 적어 놓고
그 다음 뭐가 흘러나오나 기다리니
기상천외는 온 데 간 데 없고
기상천외와는 아무 상관도 없는 것을
이미 다섯 행이나 채워놨네
붕어빵에 붕어 없는 것처럼

그래도 명색이 시를 쓰는 것이면
붕어가 든 붕어빵을 탄생시켜야 하나

하루가 다른 연초록 나뭇잎들의
기상천외 게릴라작전을
증거자료로 남겨 놓지도 못했는데
시로 대체 무슨 기상천외?

(이런 식으로 시를 써도
붕어빵은 잘만 팔리고)

그런 붕어빵 먹고
붕어 낳았다는
기상천외 만난 적 있는가?

아이러니

나에게 너무 많은 질문을 한 날에는
대답 대신 술을 마셨고

나에게 아무것도 묻지 않은 날에는
술 대신 대답할 말이 떠올랐네

물을 필요도 없는데
물음들이 꼬리를 물고
그 꼬리 끝을 끝내 찾지 못하고

대답할 필요도 없는데
웬 마침표를 단 문장들이
물음의 꼬리를 찾아다니고

정작 하고 싶은 말과
듣고 싶은 말은
따로 국밥처럼 식어가고

4
낮달의 영혼을 가진 자

소울메이트

봉인된 지문을 읽어보듯
그가 그녀의 얼굴을
그녀가 그의 얼굴을
만져보네 세상에서 만난
첫 얼굴을 만져보듯

몇 생의 먼 길 건너온
그리운 꽃봉오리
서로의 눈 속에서
이제 막 피어나는
오래전부터 익숙한
꽃잎과 빛깔과 향기

세월의 신발

맨발로 뛰어다녔던 유년의 세월을
사글세처럼 다 까먹고, 세월이
속절없이 세월이 구두뒤축처럼 닳아가네

더 이상 신을 수 없이 낡아버려도
헛헛한 여정의 숨결과 온기
한 생애를 데리고 다녔던 길에 대한 추억을
필름처럼 간직할 세월의 신발,
때로 욕망의 돌부리에 걸려 찢겨지기도 했네

한때 턱없이 불편했던 세월의 신발도
어느 땐 한없이 사랑스러운 것이기도 했으니

닳아버린 세월의 신발굽 갈아 끼울 수 없어
마침내 세월의 헌 신발 벗어 들고
더는 갈 수 없는 길에 주저앉아 있을
生의 늙은 맨발 만날 때까지
세월의 신발이여,

경쾌한 음표처럼 천진한 나뭇잎처럼
세상의 그 어떤 사막이라도
춤추며 노래 부르며 건너가길

벽에 음악을 연주하는 일

담쟁이들의 푸른 손바닥,
벽 위에 살아 있는 문

벽이 있어야
문이 그리워지는 법

벽이 없다면
문은 들어설 곳도 없어

세상의 벽 앞에서
벽이 되거나
담쟁이가 되거나
문이 되거나
그냥 돌아서거나

벽이 문이 되기도 하고
문이 벽이 되기도 하고
벽과 문이 동시에 사라지기도 했는데

모든 그럼에도 불구하고,

벽이 있어 신나게 벽을 타고 피어나는
담쟁이들의 푸른 음표
벽이 있어 비로소 연주되는 음악

벽에 음악을 연주하는 일이란
가슴에 푸른 별 박아내는 일

말비빔밥

어떤 자리에서든 자주 먹게 되는
말비빔밥, 맛있게 먹기 위해
입발림이 과했으면
허풍 몇 숟갈 덜어주시고
허물이 많다 싶으면
칭찬 몇 숟갈 더 넣으시고
천천히 비벼서
천천히 음미하며 드시길

미소를 띠며
고개를 끄덕이며
눈빛도 교환하며
진심의 숟가락으로
감사히 먹으면
소화도 잘 되고 건강에도 좋은
말비빔밥 한 양푼

즐거이 숟가락 넣어 함께 먹고

서로의 마음에 등불 켜졌다면
그 등불, 오래 오래 흐뭇하리

매일이

매일이 생일이면 좋겠네
영혼의 생일은
매일 매일이면 좋겠네

매일이 어린이날이면 좋겠네
아이들이 매일 기쁨으로
햇살처럼 활짝 피어날 수 있게

매일이 어버이날이면 좋겠네
일 년에 한 번만 챙기지 말고
매일 어버이 마음의 손 잡아드리게

매일이 스승의 날이면 좋겠네
스승으로부터 받은 사랑으로
어린 영혼들 매일 저마다의 카네이션 피워낼 수 있게

매일이 축복이면 좋겠네
춥고 어두운 영혼들의 이마에
매일 축복이 별처럼 떴으면 좋겠네

〈네, 잘 알겠습니다〉

아무리 생각해도 잘 모르겠는
운명에게도
〈네, 잘 알겠습니다〉

아무리 가 봐도 잡히지 않는
길의 얼굴에게도
〈네, 잘 알겠습니다〉

아무리 벗어나려 해도 어쩌지 못한
마음의 손바닥에게도
〈네, 잘 알겠습니다〉

어느 날 문득 마주친
〈네, 잘 알겠습니다〉와 친해져서
그 친구 이름 자주 불렀더니
희한하게 조금씩 알게 되네,
삶의 신비와 기적을

보이지 않는 것

보이는 것들보다
보이지 않는 것들이
내 생을 지금 여기로 데려왔네
보이지 않는 고독이
보이지 않는 진실이
보이지 않는 침묵이

보이는 것들에게서
자주 등을 마주치고
언제나 내가 돌아온 곳은
보이지 않는 것들의 품속

보이지 않는 고요의 집에서
자주 틀어박혀 지냈네
보이지 않는 화분에 물을 주며
보이지 않는 꽃들을 피워내는 기쁨
보이지 않아서 더 넓고 따스하고 깊은

보이지 않는 당신을 만나러
집을 떠나기도 했지
그 어디에도 없는 당신을 찾아
먼먼 낯선 길 헤매기도 했지
사막의 저녁노을 같은 심정으로

보이지 않아서,
당신에게 보여줄 수 없어서
안타까웠던, 아름다웠던

보이는 이 모든 허방들 징검다리 삼아
보이지 않는 사랑의 집으로 가리
모든 길들이 끝나고
모든 길들이 하나가 되는

조용한 기쁨

어쩌면 소문난 잔치처럼 요란한 것보다
조용한 것이 더 내 마음 흔들었는지도 몰라
그래서 조용한 것들에게서
더 어여쁜 기쁨이 내게로 건너온 건지도 몰라
가령, 탁자에 놓인 작은 와불상의 얼굴에 번지는
조용한 기쁨, 방긋 얼굴 맞댄 두 송이 꽃
가만히 들여다보기만 해도
심장에 꽃불 번지는 그런 조용한 것들

어쩌면 내 마음은 지상의 길들이 낯선 건지도 몰라
조용히 허공에 길을 내는 아이비 이파리들처럼
허공에 음표 그리며 설레는 그 어린 것들처럼

아마 그랬지 내 기쁨의 대부분은
가만히 들여다보기만 해도
따스한 노래가 흘러나왔던
꽃핀 당신 얼굴

그런 날엔

그런 날엔
우주 저편에서 달려온
별빛의 따스함 몇 그램이 필요해

무슨 말인가 왕창 다 쏟아버리고 싶었지만
그 말들 고이 접어 잠재워야 하는 그런 날

그런 날들이 어떤 영혼의 대부분의 목차였다면
그런 날, 읽어보고 싶어져, 그 영혼의 책을
못 다한 말들 부슬비처럼 내리는 그런 날

오래된 영혼의 빈 페이지의 말들도
다 알아들을 수 있을 듯해, 그런 날엔
내가 지상에서 만나야 했던
바람의 얼굴들 이미 다 만난 듯해서

그런 날엔
아직 덜 써진 영혼의 페이지에 빗방울로 스며들어

낮달의 영혼을 가진 자

있는 듯 없는 듯 바보처럼
희멀거니 하늘에 걸린 낮달,
세상 한켠 묶음으로 놓여있는
멀건 흰죽 같고 미지근한 맹물 같은

소란한 마음들에 가려진
그 있는 듯 없는 듯한 침묵이
허공을 치고 솟아오르는
독수리 발톱처럼
그대 가슴 후벼 팔 수도 있지만

낮달의 영혼을 가진 자,
허공에 걸린 침묵의 시를 읽고
허공이나 두드리네

세월 가면

아무리 어처구니없어도
사라져버린 어처구니를 위해
어처구니어처구니어처구니
속염불 외다보면

세월 가면
침묵이 스스로 제 무늬 드러내겠지
돌에 피어난 세월의 무늬처럼

멋쩍게 헐헐 웃으며
실종된 어처구니,
제 발로 돌아올 날도 있겠지
세월 가면

이제는 집에 갈 시간

헤맬 만큼 헤맸다

이제 충분하다

웃으며 악수까지 정답게 하고서
헤어질 수 있다면
이제는 집에 갈 시간

누군가의 충고를 귓등으로 흘렸다
잘 했다
충고를 꼭꼭 씹어 먹었더라도
내 생은 체했을 게 뻔하다

뭐든 충분할 때까지
놓아둘 수 없다면
다시 자동인형처럼
처음으로 되돌아가야 한다
어쩔 수 없이

지구의 자전과 공전 같은
삶의 과목들을
재수강해야 한다

충분한 기다림을 들이키고
길 위에서 충분히 쓸쓸했다면
광합성의 심호흡으로 충전하고
이제는 집에 갈 시간

오래된 영혼

우여곡절 끝에, 겨우
집에 도착한 오래된 영혼
쪼그라든 팔다리와
더는 화장이 필요 없는 얼굴을
가만히 들여다보네
더는 가야 할 곳도
만나야 할 얼굴도 없다는 것이
그토록 찾아 헤맨 집이 제공하는
안식의 메뉴인가

우레처럼 번개처럼 평화가 깃들고
귀도 먹고 입맛도 잃었지만
눈빛만은 겨울햇살처럼 형형해져서
막 도착한 저녁노을의 심정도
속속들이 다 읽을 수 있다네
속울음 참은 그 모든 얼굴들이
저녁노을 속에 깃들어있다는 것을
다만 읽을 수 있을 뿐

일필휘지 독후감은 쓸 수도 없네

오래된 영혼,
겹겹의 길 위에서 읽어온 모든 풍경들을
저 저녁노을의 마지막 타오름 속에
불쏘시개처럼 다 던져 넣네
불타는 침묵의 하늘 너머
서쪽나라로 떠나는 마지막 길은 아직
형형한 눈길 속에 남겨두고서

댄싱 붓다들

하늘을 무대로 춤추는 두 마리 새
고요하고 평화롭고 행복한 댄싱 붓다들

*(그대는 내 삶의 선물
나는 그대 삶의 선물)*

햇빛의 축제에 초대되어
나무처럼 꽃처럼 춤추며
사랑으로 피어나는 댄싱 붓다들

*(내 가슴 속에 그대 맥박 흘러넘치고
그대 가슴 속에 나의 맥박 흘러넘쳐)*

마침내 그대와 내가 사라지고 우리의 춤만 남아
투명한 웃음으로 물결치는 댄싱 붓다들

귀

환하게 열린 창문귀
너그럽게 웃는 도인귀
넓고 깊은 마당귀
화사하고 사랑스러운 꽃귀
따뜻하게 두근대는 하트귀

귀를 진화시켜야해
입만 개발하지 말고

| 시인의 산문 |

귀천, 그리고 귀가

*

에토레는 그가 떠나온 하늘로 돌아가고, 나는 비로소 내 존재의 집, 고독으로 돌아왔다. 인생의 어느 한 모퉁이에서 우리는 만나, 함께 사랑하고 함께 기뻐하고 함께 여행하고 함께 행복하고 함께 감사했다.

**

14년간 나와 행복한 지구여행을 함께 했던 에토레가 한 마디 작별인사도 못하고 홀연히 내 곁을 떠났다. 꿈결처럼, 거짓말처럼. 한국에 두 달 왔다가 시칠리아로 떠나기 2주 전, 11월 17일, 그가 쓰러지기 1분 전까지도 나는 이런 일이 내 삶에 일어나리라곤 상상조차 못했다. 한치 앞도 알지 못하는 것이 삶이라는 것을 혹독하게 가르쳐준 에토레의 죽음. 그는 아침에 일어나 여느 날처럼 물을 마셨고 요가를 하기 위해 매트를 폈고 몸 풀기를 조금 한 뒤 갑자기 침대에 가서 좀 눕겠다고 했다. 침대로 가던 도중 그는 쓰러졌다. 그리고 앰뷸런스가 오고 병원으로 실려 갔지만 그는 그대로 영영 깨어나지 못하고 지구를 떠났다. 그의 죽음의 풍경은 너무 간결해서 믿을 수 없다. 겉으로 보기엔 멀쩡했던 사람이 어떻게 그렇게 한 시간 만에 황망하게 세상을 떠나버릴 수 있는 건지.

그 어떤 위로도 위로가 되지 않는 열흘이 흘렀다. 내 일생에 이런 깊고 큰 슬픔은 처음이다. 시도 때도 없이 눈물이 나고 울음이 북받치고, 아무리 신의 뜻으로 현실을 받아들이려 해도 슬픈 건 슬픈 거다. 홀로 에토레의 영혼을 애도하는 시간. 울고 또 울고 나면 눈물이 마르리라, 이 모든 슬픔도 다 지나가리라, 나는 나를 다독인다. 신이 허락하신 세월 동안 우리는 충분히 사랑했고 행복했으니 그것만으로도 감사한 일. 내 삶의 페이지에 그런 사랑의 흔적이 끼워져 있으니 참으로 다행한 일. 그리고 신이 나에게서 사랑하는 에토레를 데려가 버리신 것도 그 어떤 깊은 당신의 뜻이 있으리라는 것. 신의 뜻을 깨우치면 이 깊은 슬픔도 투명해지리라. 그리고 나는 더 강하고 아름다운 영혼으로 성장하겠지.

에토레의 장례미사를 하고 화장을 한 지 팔일이 지난 오늘, 나는 그를 위한 시집을 준비한다. 그를 떠나보내는 나만의 의식처럼. 하늘로 떠난 그에게 주는 나의 마지막 선물처럼. 에토레는 그의 마지막 책이자 네 번째 책인 『November 2』를 나에게 헌정했다. 'To my wife, Hyunok Kim Grillo'라고 써서. 그래서 나 역시 그에게 헌정할 시집을 내야겠다는 생각이 떠올랐다. 이 시집은 이미 2021년에 공모전에 던져 넣기 위해 오래 전에 썼던 시들을 정리해서 완성해 놓은 것인데, 그때 미역국을 먹고 고이 컴퓨터 안에 잠들어 있던 것이다. 에토레가 나보고 시집이 완성되었는데 왜 출판을 하지 않느냐고 물었을 때 나중에 때가 오면,이라고 그때 대답했었다. 이 시집 출판을 서둘러 하지 않은 것도 이때를 위한 것인가? 이 시집을 다시 펼쳐 읽어보니 우리가 함께 여행 했던 곳들이 많이 나온다. 그러니 에토레도 하늘나라에서 이 시집을 읽으며 좋아할 것이다. 에토레의 영혼은 한글을 몰라도 다 읽을 수 있겠지, 내 사랑을.

이 시집 뒷부분에 실린 「오래된 영혼」을 다시 읽어보니 지금의 나를 예견하고 쓴 것 같다. 그 시는 이미 8년 전에 쓴 것인데도. 어쩌면 나의 본질이 오래된 영혼인지도. 어쨌거나 나는 오랜 여정 끝에 내 존재의 집, 고독으로 돌아왔다. 에토레와 함께 한 달콤한 꿈, 깨어나 보니, Solitude is my home! 삶이 나에게 선사하는 그 어떤 것도 다 감사히 받아 안아야 하리라. 신은 한쪽 문을 닫으면 반드시 다른 한쪽 문을 열어두신다 했던가. 사랑과 행복이라는 내 인생의 한 챕터가 닫히고 침묵과 시라는 챕터가 시작되겠지. 에토레는 이제 언제나 내 가슴 속에 존재할 것이므로, 나는 외롭지 않을 것이다.

***

에토레와 나는 2009년 인도 푸네의 오쇼국제명상센터(Osho International Meditation Resort)에서 만났다. 그 당시 에토레는 변호사를 그만 두고 명상센터에 왔고(그는 그때 이미 『Travels of the Mind』라는 책을 출판한 작가였다) 나는 중학교 교사를 20년 하고 명예퇴직 후 그곳으로 갔다. 이 명상센터에 나는 1999년부터 겨울방학 때마다 거의 매해 날아가곤 했다. 에토레는 그때가 처음이었다. 그가 그곳으로 온 사연도 참 신비한 구석이 있다. 로마의 한 성당에서 한 남자를 우연히 만나 종교에 관한 진지한 대화를 하고 헤어졌는데 지하철에서 다시 그 사람을 우연히 만났단다. 그래서 대화를 좀 더 하다가 에토레의 진지함을 그가 알아봤는지 지하철에시 헤어시기 전에 43권의 책 목록이 적힌 종이 한 장을 그가 에토레에게 주었다고. 서로 통성명도 하지 않앉다는데. 어쨌든 그가 준 것은 전 세계적인 영성 관련 책의 목록이었는데(바가바드 기타, 밀라레빠의 노래, 미르다드의 서, 공자, 장자, 칼릴 지브란, 오마르 카이얌, 루미, 구르지예프, 까비르, 크리슈나무르티, 우스펜스키 등등이 쓴 책들) 에토레는 20년에 걸쳐 그 책들을 찾아서 한 권 한 권 구입해서 읽었다. 그 책들 중 하나가 오쇼의 책, 『The Book of Secrets』. 에토레는 이 책을 읽고 감명을 받아 바로 오쇼명상센터로 왔다고 했다. 그는 전형적인 사수좌. 마음이 꽂히면 바로 행동으로 직진한다. 로마에서 우연히 만난 그 사람이 아니었음 우리는 만나지 못했을 거라며, 그 신비한 사람을 천사라고 우리는 농담을 하기도 했다.

에토레는 명상센터에서 영문 오쇼 책을 이탈리아어로 번역을 했고, 나는 한국어로 번역하는 일을 했다. 그 사무실에서 우리는 만났다. 우리가 앉았던 책상이 가까워 매일 만나 정이 들었고 사랑이 싹텄다. 나의 스승 오쇼가 우리를 만나게 해주신 거다. 우리는 그 센터 내에서 워커로서 일을 하며 명상을 했다. 그리고 에토레가 두 달의 기간이 다 되어 먼저 시칠리아로 돌아가고 나는 명상센터에 남아 있으면서 이메일로 연락을 계속했다. 그러다가 에토레가 나를 시칠리아로 초대했다. 오라고, 기다리고 있다고. 그때 나는 그곳에서 알게 된 스님 두 분과 인도 다람살라로 가는 티켓을 다 예약한 상태였지만, 모든 것을 취소하고 시칠리아로 날아갔다.

2010년부터 시작된 우리의 노마드 생활. 내가 여름 석 달을 시칠리아에서 에토레와 함께 지냈고(에토레가 사는 엔나는 고도가 천 미터여서 여름을 지내기가 좋았다), 시월에 에토레가 한국에서 나와 한 달가량 지냈고, 겨울 석 달은 인도에서(어느 해는 베트남, 태국, 라오스에서) 함께 지냈다. 오르빌에서 만난 스웨덴 할머니 테레사는 이런 우리를 보고 'modern couple'이라고 했다. 따로 또 같이,의 생활을 11년간 하다가 코로나 때문에 1년가량 떨어져 있기도 했다(코로나가 발생하던 당시 우리는 인도에서 겨울을 보냈고 각자의 집으로 돌아가야 했던 이월, 그때 당시 대구가 신천지 때문에 코로나가 대단해서 우리는 함께 시칠리아로 갔다. 그때 코로나 때문에 시칠리아에서 6개월을 지내다 한국으로 돌아왔다). 코로나가 약간 진정이 되었던 2021년 내가 시칠리아로 건너가 결혼이라는 법적 절차를 거치면서 우리는 언제나 함께 지냈다. 연인에서 부부로 바뀌면서 나는 시칠리아에서 살게 되었다. 이번에 한국에 두어 달 다니러 왔는데 그동안 즐겁게 잘 지내다가 갑자기 변을 당한 것이다. 가장 행복한 순간에 행복이 사라져버린 것이다. 색즉시공.

****

삶과 죽음은 동전의 양면. 언제 그 동전이 뒤집힐지 우리는 알지 못한다. 삶이라는 동전 뒷면에 죽음이 있다는 것을 잊어버리고 욕망의 수레바퀴를 열심히 돌리며 살아간다. 에토레는 자신의 죽음을 상상도 못하며 매일 열심히 자신의 다섯 번째 책을 써서 교정을 보았고 매일 피아노 연습을 즐겁게 했다. 그래도 자신이 하고 싶은 일을 하다가 세상을 떠났으니 그리고 내 품에서 마지막 순간 함께 했으니 그나마 위로가 될까. 죽음의 순간은 어쩔 도리가 없다. 그래서 운명,이라는 말로 내 슬픔을 위로한다. 허망하고도 허망한 인간의 목숨.

사후세계가 궁금했던 에토레는 자신의 책을 쓰면서도 그 이슈를 끊임없이 탐색했다. 이제 그의 영혼은 그 궁금했던 여행을 직접 하고 있을 것이다. 나는 그가 사후세계에 대해 궁금해 할 때마다 그건 죽으면 저절로 알게 될 것이니 지금 여기서 잘 살면 된다고 말하곤 했다. 삶을 충분히 잘 살았다면 죽음은 다음 세계로 건너가는 통로이기 때문에 두려워할 필요는 없다. 익은 과일은 땅에 떨어지게 마련이니. 그 자연의 이치를 깨우치면 죽음 역시 우리 영혼들이 하는 여행의 일부이다. 언제 어디서 이 지상을 날아오르더라도 웃으며 떠날 수 있기 위해 우리는 어떤 삶을 살아야 하는 걸까. 지금, 여기에서 서로 사랑하고 서로에게 행복을 줄 것.

내 삶의 화양연화는 에토레와 함께 했던 시절. 내게 화양연화를 선사하기 위해 내 삶을 다녀간 에토레, 그라찌에, 띠 아모! 이제 더는 함께 아름다운 풍경을 바라볼 수 없다 해도 이제 더는 함께 밥을 먹을 수 없다 해도, 당신이 선사한 그 화양연화의 기억으로 남은 삶의 길 잘 건너갈 테니, 에토레, 이제 천국에서 편히 쉬길.

Ettore, rest in peace in heaven.
You are always in my heart.

만인사가 펴낸 김현옥의 시집

언더그라운드(2008)
니르바나 카페(2010)
룸펜들(2015)

만인시인선 83
댄싱 붓다들

초판 인쇄 2024년 1월 5일
초판 발행 2024년 1월 10일

지은이 / 김 현 옥
펴낸이 / 박 진 환

펴낸 곳 / 만인사
출판등록 / 1996년 4월 20일 제03-01-306호
주소 / 41960 대구광역시 중구 명륜로 116
전화 / (053)422-0550
팩스 / (053)426-9543
전자우편 / maninsa@daum.net
홈페이지 / www.maninsa.co.kr

ⓒ 김현옥, 2024

ISBN 978-89-6349-184-4 03810

값 12,000원

* 이 책의 내용의 전부나 일부를 사용하려면 반드시 저작권자나 만인사 양측의 동의를 받아야 합니다.

만/인/시/인/선

1. **이하석** 시집 | 高靈을 그리다
2. **박주일** 시집 | 물빛, 그 영원
3. **이동순** 시집 | 기차는 달린다
4. **박진형** 시집 | 풀밭의 담론
5. **이정환** 시집 | 원에 관하여
6. **김선굉** 시집 | 철학하는 엘리베이터
7. **박기섭** 시집 | 하늘에 밑줄이나 긋고
8. **오늘의 시 동인** | 「오늘의 시」 자선집
9. **권국명** 시집 | 으능나무 금빛 몸
10. **문무학** 시집 | 풀을 읽다
11. **황명자** 시집 | 귀단지
12. **조두섭** 시집 | 망치로 고요를 펴다
13. **윤희수** 시집 | 풍경의 틈
14. **장하빈** 시집 | 비, 혹은 얼룩말
15. **이종문** 시집 | 봄날도 환한 봄날
16. **박상옥** 시집 | 허전한 인사
17. **박진형** 시집 | 너를 숨쉰다
18. **정유정** 시집 | 보석을 사면 캄캄해진다
19. **송진환** 시집 | 조롱당하다
20. **권국명** 시집 | 초록 교신
21. **김기연** 시집 | 소리에 젖다
22. **송광순** 시집 | 나는 목수다
23. **김세진** 시집 | 점자블록
24. **박상봉** 시집 | 카페 물땡땡
25. **조행자** 시집 | 지금은 3시
26. **박기섭** 시집 | 엮음 愁心歌
27. **제이슨** 시집 | 테이블 전쟁
28. **김현옥** 시집 | 언더그라운드
29. **노태맹** 시집 | 푸른 염소를 부르다
30. **이하석 외** | 오리 시집
31. **이정환** 시집 | 분홍 물갈퀴
32. **김선굉** 시집 | 나는 오리 할아버지
33. **이경임** 시집 | 프리지아 칸타타
34. **권세홍** 시집 | 능소화 붉은 집
35. **이숙경** 시집 | 파두
36. **이익주** 시집 | 달빛 환상
37. **김현옥** 시집 | 니르바나 카페
38. **도광의** 시집 | 하양의 강물
39. **박진형** 시집 | 풀등
40. **박정남 외** | 대구여성시 20인선집